멀어지는 터골

Teogol Village in My Memories
제10시집 (한영시집)

멀어지는 터골
Teogol Village in My Memories
제 10시집 (한영시집)

지은이 | 심재황
만든이 | 김성구
만든날 | 2024년 6월 10일
만든곳 | 국제문학사
등록일 | 2015.11.02.
등록번호 | 제2020000026호
주　소 | 서울특별시 광진구 광나루로 15길 41(102호)
전　화 | 070-8782-7272
전자우편 | Email kims0605@daum.net

값 10,000원

ISBN 979-11-89805-74-6 (03810)
ⓒ 2024 심재황 Printed in Korea
잘못된 책은 바꿔드립니다.

멀어지는 터골

Teogol Village in My Memories

심재황 제10시집(한영시집)

Jaehwang Shim

국제문학사

> 작가의 말

떠오르는 기억들

지나간 이야기는 아름답기도 하지만 아쉬운 일들도 있습니다. 그리고 서글픈 일도 생각나게 합니다.

부모님이 살던 김포의 작은 마을 터골에 대한 기억을 정리해 보았습니다. 부모님과 할머니께 들은 이야기, 동네 다정한 동네 어르신들, 부모님 생각, 그리고 변해가는 마을 ... .

이제 옛날 모습은 거의 사라지고, 조금이나마 남아있는 흔적들도 앞으로 몇 년이나 지속될지 알 수 없습니다. 일단 세월이 지나가니, 사람들이 안 계시고 그 모습들도 급속히 사라지고 있습니다.

앞으로 얼마나 자주 그곳에 들를지도 모르고, 가 본다고 해도 생소한 일들만 생기게 됩니다. 이제 터골은 저의 기억에 있는 곳이 아니고, 남들의 생활 터전이고 그들의 이야기라고 봅니다.

그때 뵈었던 분들이 마냥 고맙게 떠오릅니다. 그러한 정겨운 기억들도 잊혀 지게 되니, 아쉬운 마음을 적어 봅니다.

Arising Memories of My Village

Most of old stories are beautiful, but some also remind me of something gloomy.

I have organized my memories of Teogol, a small village in Gimpo Province where my parents lived. The stories are what I heard from my parents and grandmother, the friendly local elders, memories of my parents, and the changing village...

Now the residents then no longer live there and the appearances of the village are rapidly changing.

I am not sure how often I'll stop by there in the future. Now, I see the village of Teogol as not a place in my memory, but as others' living space and their stories.

The people I met then come to mind with gratitude. As those warm memories will soon be forgotten, I note down my feelings.

차 례

작가의 말…떠오르는 기억들…심재황………………… 4
작품해설…한 편의 시로 남겨질 고향이야기……김성구……130

1부. 봄 여름날 이야기
Memories of Spring and Summer

봄비 기다리며…………………………………14
Waiting for Spring Rain………………………15
이른 봄 젖은 밭………………………………16
Wet Paddy in Spring…………………………17
큰아이 오는데…………………………………18
My Eldest Child………………………………19
부모님 곁으로…………………………………20
To My Beloved Parents………………………21
초여름 잔디 작업……………………………22
Lawn in Early Summer………………………23
여름 농장 마당………………………………24
A Farm Yard in Summer……………………25
여름 바람………………………………………26
Summer Breeze………………………………27
서늘한 저녁 비………………………………28
A Cool Evening Rain…………………………29
한여름 저녁……………………………………30
A Midsummer Evening………………………31

바닷가 햇살	32
A Beach Sunshine	33
구석에 앉아서	34
Sitting in the Corner	35
마음 이해하기	36
Understanding Each Other	37
나를 알아주는 곳	38
A Place Accepting Me	39
내가 갈 곳은	40
A Place for My Dream	41
창밖에 있는 분	42
A Face Outside the Window	43
산 아래 포구들	44
The Ports Under the Mountain	45
아홉 달 지나고	46
After Nine Months	47
날아온 잠자리	48
Dragonflies Flying in	49
붉어진 고추	50
The Red Peppers	51
벌초 시기	52
The Mowing Season	53

2부. 이번 가을 이야기
Memories of This Fall

가을 기일··56
Another Memorial Service························57
잿빛 구름··58
Gray Clouds··59
반질한 대추··60
Polished Jujubes··61
감나무와 태풍··62
Blowing Persimmon Tree····························63
큰 달과 추억··64
The Full Moon Memories···························65
흐린 달빛··66
Cloudy Moonlight··67
부엉이 우는 곳··68
An Owl Stays There····································69
벼 색깔 살피며··70
The Color of the Rice································71
할머니 친정 마을··72
The Grandmother's Village························73
밭일 김매기··74
Weeding the Field··76

고모할머니 집··· 78
An Aunt's House···80
장독대 가랑잎··82
Falling Leaves··83
집터는 산으로··84
The House Site··85
검보라색 느티나무···86
A Purple Zelkova··87
다시 기대하고··88
A Gloomy Season of Fall······································89
달빛과 그분··90
A Moonlight in the Yard······································91
강화 장터 가는 길··92
The Market Place in Ganghwa·······························93
터골 아주머니··94
An Aunt of Teogol···95
고춧가루 한 봉지··96
The Red Pepper Powder·······································97
쌀 한 가마니··98
A Bag of Rice··99
터골 길가··100
A Road of Teogol Village····································101

3부. 다시 겨울 이야기

Memories of Another Winter

한밤 눈··104
Midnight Snow··105
아버지 겨울옷··106
Father's Winter Coat······························107
알지 못하시고··108
Unremembered Season····························109
눈 쓸기···110
Sweeping Snow······································111
한겨울 묘지··112
The Cemetery in Midwinter····················113
새해 터골··114
New Year in Teogol Village····················115
강화 큰고모··116
My Great Aunt of Ganghwa-do··············117
죽은 아들의 꿈······································118
A Dream of Dead Son····························119
텃밭 감나무··120
The Persimmons in the Garden··············121
비어가는 묘지··122
The Empty Cemetery······························123

기다리는 한 달··124
A Month to Wait··125
허전한 터골···126
The Empty Village···127

별해진 겨울밤 - 별해진 진중에서 (심직, 沈溭)······128
A Starry Winter Night in a Military Camp (Shim Jik)···129

1부. 봄 여름날 이야기

Memories of Spring and Summer

봄비 기다리며

그곳에는 이미
봄이 오려는데

그곳으로 얼른
가야 하는데

조급한 마음을
잠시 잡아 두고

여기에서 며칠
기다려야 하려나

흐려지는 밤에
차가운 새벽에
비 내릴 때까지

멀어지는 터골

Waiting for Spring Rain

Already there
Spring is coming.

Though wishing to go there
Right now,

Should I wait here?
Staying a few days,
Calming myself down
For a while,

Until it rains
In the cold dawn
On a cloudy night.

이른 봄 젖은 밭

봄비는 내리지 않아도
산 아래 언덕 밭에는
물기 젖어 들어
산짐승 발자국 남아있고

길가 낮은 밭고랑에
잔물이 고여서
산새들 모여드네.

한밤에 다시 얼겠지만
한낮에 땅속 물은
점점 새어 나오네.

Wet Paddy in Spring

There is no spring rain;
The fields below the hill
Are getting wet
Leaving footprints of animals.

In a low furrow by the road
In the still water,
Birds are gathering.

In the middle of the night,
It will freeze again.

In the middle of the day,
The water in the ground
Is leaking more and more.

큰아이 오는데

큰아이가 온다고 하는데
다음 달 초에 온다고

젊은 시절에 떠났지만
그 모습 잊지 않았지.

그곳으로 보냈지만
그 모습 잊지 못했지.

다음 달 이곳으로 오는데
여기 함께 눕기 위하여

(먼저 간 큰아들 기다리며)

My Eldest Child

The eldest child is coming,
On coming early next month.

Though he left as a boy,
We haven't forget the child.

He passed away there early;
We haven't forget his eyes.

He's coming here next month
To lie down by us here.

(Waiting for a deceased son)

부모님 곁으로

한해, 한해 지나가서
한적한 능골 들길이
크게 넓혀지고

가을날 길가에 피어나던
코스모스 없어지고

작은 묘지 봉분도
납작하게 내려앉으니
이제 어디로 가야겠지.

여름에 가신 아버지 곁으로
가을에 가신 어머니 곁으로

하얀 조약돌 둘러 진 곳으로

(먼저 간 큰아들)

To My Beloved Parents

Year after year passes
The quiet road in Neunggol Village
Has greatly expanded.

Cosmos blooming on the roadside
In autumn disappears.

The small cemetery mound
Is getting down flat;
Where should I go now?

To my father's side in summer
To my mother's side in fall
To a place by white pebbles.

(A dream of a deceased son)

초여름 잔디 작업

이른 아침에 시작하여
겨우 한 시간 작업했는데
얼굴이 따갑고 화끈거리네.

긴팔 옷을 입었는데도
팔꿈치와 팔뚝이 가려워서
긁으면 부어오르니
풀독에 쏘였나 보다.

해 뜨기 전에 끝마쳐도
쉬어볼 만한 곳이 없으니
땀에 젖은 채로 내려가네.

장마 때 다시 한 번 와야지.

Lawn in Early Summer

Starting early in the morning,
Working only for an hour,
My face feels sore and hot.

Though wearing long-sleeves,
My elbows and forearms are itchy.

Scratching it, it swells;
For it was stung by a grass.

Even finishing before the sun rises
There's no place to rest,
I go down soaked in sweat.

Wishing to come again
During the rainy season.

여름 농장 마당

반가운 벗들이 온다는데
정겨운 시간을 보내려는데

마당에 자리를 펼 수 없고
실내로 들어가야 해요.

더운 여름이 시작되어서
마당에 자리를 펼 수 없어요.

무더워서 마당에 나오면
벌레들 떼거지로 모여들어요.

이제 한여름으로 들어가니
실내에 자리를 마련하지요.

A Farm Yard in Summer

The friends are coming
To have a nice time.

They can't stay in the yard
But go indoors instead.

As the hot summer begins
We can't stay out in the yard.

In the yard in hot days
Insects gather in droves.

Now that it's geting summer,
We'd better seat them indoors.

여름 바람

산속에 떡갈나무
요란하게 흔들리니

초여름 산바람이
일어나는가 보다.

강둑에 미류나무
너울너울 흔들리니

초여름 강바람이
일어나는가 보다.

Summer Breeze

Oak trees in the mountains
Shakes loudly,

Early summer breeze
Is rising there.

.

Linden trees on the riverbank
Shakes gently,

Early summer river breeze
Is rising there.

서늘한 저녁 비

장대비는 무섭게 퍼붓고
습기는 진하게 내려서
후덥지근하고 답답한데

저녁이 지나가면서
줄기차게 내리지만

서늘한 바람에 섞여서
피부에 미끄러져 흘러요.

창가에서 바람을 맞으며
비에 젖은 팔을 쓸어내려요.

A Cool Evening Rain

The rain pours down heavily,
The humidity falls thickly,
It's muggy and stuffy.

As the evening goes by,
It falls steadily.

Mixed in with cool wind
It glides on the skin.

Feeling the wind at the window,
I sweep away my wet arms.

한여름 저녁

들과 밭이 푸르고
해는 더디게 지기에

더위에 지친 강아지는
마당 구석에 늘어지고

닭들은 여전히 마당에서
모이를 쪼아 먹는데

들녘에 오래 머무르고
산골 마을에 굴뚝 연기는
한참이나 늦게 피어오르네.

A Midsummer Evening

The fields are green,
The sun sets slowly.

A dog tired from the heat
Is hanging out in the corner.

Chickens are in the yard
Are still pecking at the feed.

Farmers are staying late
In the field for a long time.

Chimney smoke in a village
Is rising quite late.

바닷가 햇살

따가운 햇살이
해변을 비추니

바닷물 일어나서
찰랑찰랑 눈부시고

새하얀 모래알
따끔 따끔 뜨거운데

조개도 소라도
껍질 벗어두고
바다로 들어갔나요.

A Beach Sunshine

The stinging sunlight
Shines on the beach.

The sea water wakes up
Is dazzling and dazzling.

Pure white sand grains
Are hot in the sun.

Clams and conches
Taking off their skin
Are crawling into the sea.

구석에 앉아서

식사 시간에도 싫어서
구석에서 가만히 있어요.

맛나던 나물도 김치도
이제 맛이 나지 않아요.

그 시절 생각이 나는데
입맛이 나지 않아요.

오직 그 시절만 떠올리며
구석에 가만히 앉아 있어요.

(병원에 있는 아들)

Sitting in the Corner

I hate gathering
Even during meal times
Stay still in the corner.

Once delicious vegetables,
I can't taste them anymore.

As remembering these days
I have no appetite.

Only remembering those days
I'm sitting quietly in the corner.

(A son in hospital)

마음 이해하기

서로 마음 맞추기도
서로 하나 되기도 어렵고

마음을 풀어야 하는데
서로 이해하지 못하기에
언제나 마음을 닫아요.

외롭게 격리되어서
마음을 닫고 살았어요.

Understanding Each Other

It wasn't easy to agree with
And become one mind.

I should calm down my mind
And understand each other.
Yet, I haven't control myself,

Isolated from others,
I've lived with my heart closed.

(A son in hospital)

나를 알아주는 곳

나는 나의 모습만 보았고
남의 말을 듣지 않았어요.

남을 미워하지 않았는데
남들은 나를 알지 못하고
나를 미워하기도 했어요.

내가 이상하다고 말하는데
나는 어디로 가야 하나요.

아무도 없는 곳으로
나를 받아주는 곳으로

그리운 어머니 품으로
사랑하는 아버지에게로
 (병원에 있는 아들)

A Place Accepting Me

I have only seen myself,
Wouldn't listen to others.

Though I haven't hated others,
They wouldn't listen to me.

They even hated me
Saying that I was strange.

Where should I go?
To a place there is no one,
To a place that accepts me,
Into the heart of my sweet mother,
To the arms of my beloved father,

(A son in hospital)

내가 갈 곳은

내가 갈 곳은 어디일까.

어머니가 꿈꾸던 곳이고
아버지가 바라던 곳인데

가만히 구석에 앉아서
창가를 바라보기만 하네.

나는 비에 젖어 있는데
그분들은 나를 반겨주실까.

그분들에게 가려고 하는데
그래도 나를 안아주시겠지.

(병원에 있는 아들)

A Place for My Dream

Where should I go?
The place my mother dreamed of,
The place my father wished.

Sitting quietly at the corner
I just look at the window.

I'm wetting from the rain;
Will they welcome me?

I'm dreaming of going to them;
They will still hug me.

(A son in hospital)

창밖에 있는 분

오늘도 창가를 바라보아도
아무것도 보이지 않고

창밖을 보기만 하면
눈길이 가지는 않지만
창밖에는 누가 있을 거야.

어렴풋이 생각이 나는데
나의 어린 모습이 보이고

보고 싶은 얼굴이 떠오르네.

(병원에 있는 아들)

A Face Outside the Window

I look at the window again
Without seeing anything.

Just looking out the window
Though I can't see it,
There may be someone there.

I vaguely remember the times,
I see my childhood there and
A face comes to mind.

(A son in hospital)

산 아래 포구들

문수산에 올라가면
조강 줄기는 넓어지고

남쪽 조강포구 내려보고
북쪽 관산포구 올려보네.

포구에 모이는 사람 없고
물길에 오가는 나룻배 없네

물살은 여전히 잔잔한데
세월은 아직도 사나운지

The Ports Under the Mountain

As I climb Mt. Munsusan,
The river stem becomes wider,

Looking down at Jogang Port to the south
Looking up at Gwansan Port to the north.

There is no one gathering.
There are no ferry boats.

The water is still calm,
Yet the years may not.

아홉 달 지나고

어머니 저곳에 가신지는
벌써 아홉 달 되었고

다음 달이면 추석이기에
미리 벌초하는데

하얀 조약돌 주위 잡초를
손으로 다듬어 보아요.

작년 이맘 때 쯤에는
여기저기 병원 다니시고

매일 약을 한 줌씩 드시고도
여전히 몸이 아프셨는데
이제 어려움 내려놓으셨네.

After Nine Months

Since mother passed away,
It's already been nine months.

Chuseok is coming next month;
Cutting the grass of the tomb,
I'm trimming weeds by hand
Around the white pebble.

This time last year
She would go to hospitals
Taking a handful of medicine,
Without taking off pains.
However, she sleeps now.

날아온 잠자리

밤나무 줄기째 흔들리고
밤송이 무거워 흔들리고

한 무리 잠자리
바람 타며 날아드니

잠시 벌초기를 내려두고
모자도 벗어두고서
펄럭이는 잠자리 바라보면

초가을 산바람에
베어놓은 잡초도 날려요.

Dragonflies Flying in

The chestnut trunks are shaking,
The heavy chestnuts are shaking.

A flock of dragonflies
Are flying with the wind.

Putting down the mowing machine,
I'm taking off my hat,
Looking at the fluttering dragonflie.

In the early autumn breeze,
The cut weeds are blowing away.

붉어진 고추

아침에 새파란 고추는
반나절 지나면서
거무스레 하다가

한나절 만에 새빨개지니

햇볕에 탔거나
떨어지며 다쳤는지

타오르는 고추밭은
붉게 붉게 물들어지네.

The Red Peppers

The green color in the morning
Becomes dark after half a day.

Just after half a day,
It turns bright red.

It may get sunburned,
Or fall and get hurt.

The burning pepper field
Is turning red and red.

벌초 시기

가을비는 내릴 만큼 내리고
이제 내릴 때도 지났으니
한동안 내리지 않겠고

한낮에 가을 햇살은
이글거려서 따가운데

여기저기 동산에는
벌초기 엔진소리 요란하네.

산소 하나 깎아내는데
땀을 한 바가지 흘리고

쟁기 끌어서 지친 소처럼
비틀거리며 산에서 내려오네.

The Mowing Season

After much rain in the fall
It'll not rain no more.
It's a season of mowing.

The sunlight at midday
Is burning and stinging.

On the hills here and there
The engine sounds loud.

Mowing the grass of a tomb
Sheds a bucket of sweat.

Like a cow pulling a plow,
They're stumbling down the hill.

2부. 이번 가을 이야기

Memories of This Fall

가을 기일

가을이 되어 달력을 보니
추석 차례를 제외하고도
남아있는 기일이
표시되어 있는데

강화 고모를 시작으로
추석 이틀 지나서 한 분
그리고 보름 지나서 한 분

11월에 한 분이고
12월에 한 분인데

올해는 11월에 또 한 분이 있네.
작년까지 제사를 준비하셨는데
올해 어머니는 제사를 받으시네.

Another Memorial Service

At the calendar of fall,
Even except for Chuseok
The remaining due dates
Are marked for ancestral rites.

Starting for aunt Ganghwa,
One after two days of Chuseok,
And one after 15 days,

There was one in November,
There was one in December.

There is another one added
In November this year;
My mother who had prepared
The ancestral rites until last year.
She is receiving service this year.

잿빛 구름

동쪽 하늘이 흐리니
남쪽 하늘은 덩달아서 흐리고

서쪽 하늘로
저녁 햇살 내려가자마자

온 하늘은
잿빛 구름으로 덮여지네.

이제 그 위에서
무슨 일이 벌어지겠지.

먹구름 쪼개지던지
사나운 비바람 몰아치던지

Gray Clouds

The eastern sky is cloudy,
The southern sky is followed.

To the western sky
As the evening sun goes down,
The whole sky becomes gray.

Now on the top of that,
Something will happen.

The dark clouds split,
A fierce rainstorm will arise.

반질한 대추

밤하늘이 맑아도
달빛은 수수한데

대추나무 잎사귀는
윤기 들어서 빛나고

대추 알맹이도
유난히 반질거리네.

달빛이 은은하고
밤하늘이 맑으니
알알이 반질거리네.

Polished Jujubes

The night sky is clear;
The moonlight is plain.

The jujube tree leaves
Shines and shines.

The Jujube kernels
Are remarkably shiny.

Because of quiet moonlight,
Because of clear night sky,
The kernels are shiny.

감나무와 태풍

남쪽 바다에서
태풍이 올라온다는데

산간 마을에는
여전히 소나기 내리니

오늘 밤 늦게까지
비바람 몰아치게 되면

감나무 잎사귀는 찢어지고
나뭇가지는 부러지고

버티지 못한 땡감들은
마당에 떨어져 흩어지고

Blowing Persimmon Tree

In the southern sea,
Typhoon is coming.

In the mountain village,
It's still raining.

Until late tonight,
Rain and wind will go on.

The leaves are torn,
The branches are broken.

The ones that can't endure
Will fall scattering in the yard.

큰 달과 추억

잠시 후에
큰 달이 뜨겠는데
지나간 정을 담고 있겠지.

가신 분의
고운 정을 담고 있기에
그렇게나 밝고

가신 분의
깊은 정을 담고 있기에
그렇게나 우울하네.

큰 달을 바라보면
가신 분이 보이고
가신 분이 그립고

The Full Moon Memories

After a while,
The full moon will rise,
Holding memories of the past.

As holding sweet heart
Of the person
Is it so bright?

As holding deep feelings
Of the person
Is it so gloomy?

Looking at the full moon,
I see the one who passed away,
I miss the one who passed away.

흐린 달빛

어려서 함께 손잡고서
저 달을 바라보았는데
그달은 밝기만 했는데

이제 혼자 팔을 베고서
저 달은 바라보는데
밤하늘 흐리고 어둡네.

지금 그분도 어디에서
저 달을 보고 있다면
그곳 밤하늘이 맑기를

그때 보았던 그 달처럼
여전히 밝게 떠 있기를

Cloudy Moonlight

As I was a young child,
We held hands together.

As I looked at the moon,
The moon was bright.

Now with vacant hand alone,
I'm looking at the moon,
The sky is dark and cloudy.

If you are looking at the moon,
The sky will be clear there.

Like the moon we saw then,
It will still shine brightly there.

부엉이 우는 곳

뒷산 너머에서
귀신이 있다고 해요.

비 내리는 날에는
부엉이 우는 곳에
귀신이 있다고 해요.

부엉이는 밝은 눈으로
귀신을 본다고 하기에

부엉이 우는 곳에
가지 말라고 했어요.

산길이 거칠어서
산비탈에 넘어질까봐.

그곳에 가지 말라고
할머니는 말했어요.

An Owl Stays There

Beyond the hillside
The ghosts stay there.

Also on rainy days
In the place an owl hoots,
The ghosts would haunt.

The owl with bright eyes
Is able to see ghosts.

The place the owl hoots
Should be stepped out of.

For the rough hillside,
Afraid of falling down the hill,
My grandmother would say
Not to go into the place.

벼 색깔 살피며

해지는 저녁 무렵에
마당 옆 감나무 지나고
서쪽 동산에 올라가서

할머니는 한 손으로
저녁 햇살을 가리고서
저 아래 방죽 논을 보아요.

벼가 잘 익어가는지
색깔이 다르지나 않은지.

한동안 살펴보다가
야위어진 손을 내리면
근심 어린 얼굴에 햇살이 비추고
깊어진 주름이 선명히 보여요.

어린 저를 데리고
한동안 그곳에 앉아 있어요.

The Color of the Rice

At sunset in early fall,
Passing the persimmon tree
Next to the yard,

Going up to the western hill,
With one hand blocking sunlight,

Grandmother looks down the fields
Far below the bank.

Is the rice ripening well?
Is the color normal or not?

After putting down her thin hand,
The sun is shining on her face,
Deepened wrinkles are clearly visible.

Taking me with her
She sits there for a while.

할머니 친정 마을

밤나무 고개를 지나가면
머리를 돌리고서
저 산을 바라보아요.

터골 너머 남쪽은
나즈막히 보이는데

멀리 친정 마을은
언제나 보이지 않아요.

옛날 이야기 속에서
친정 마을이 보여요.

옛날 이야기 속에서
친정 부모님을 만나요.

The Grandmother's Village

Passing the chestnut tree hill,
Turning her head,
She looks at that sky.

The southern region
Beyond this Teogol village
May be seen, she wishes.

Her hometown far away
Is always invisible.

In old stories
She can see her village.

In old stories
She may meet her parents.

밭일 김매기

이른 아침에 나와서
할머니는 쪼그려 앉아서
밭에 김매기 시작하는데

짧은 밭고랑 하나에
호미질 수백 번이고

기다란 밭고랑 하나에
호미질 수천 번 하는데

타오르는 햇살에
온몸은 땀으로 젖어들고
팔목은 파낸 흙에 범벅되고

호미 날이 뜨게 달아오르고
손가락이 부어오를 때
김매기 일을 마치니

너른 밭고랑마다 둔덕마다
울타리까지도 말끔하네.

푸성귀 한 소쿠리 다듬어서
머리에 이고서 돌아오는데

터골 고갯길에는
나뭇잎 끄덕거릴 만한
바람조차도 일어나지 않네.

Weeding the Field

Coming out early
Grandmother squats down
Starts weeding the field,

For one short furrow
Hoeing hundreds of times,

For one long furrow
Hoeing thousands of times.

In the burning sunlight
She is wet with sweat
Her wrists are covered in dirt.

The hoe blade is very hot,
When her fingers swell,
The wedding is finished.

In every furrow and side,
Even the fence is neat.

Trimming some greens
She carries them on her head,

On the byway on Teogol Hill,
Never does the breeze rise
Worthy of nodding the leaves.

고모할머니 집

옛날 고모할머니 집은
작게 흩어진 마을 중에서
북쪽 산 아래 있는데

산골짜기 아래 두 번째
수리하지 않은 토담집인데

집 뒤 북쪽 산에
산토끼가 살았다고 하지요.

늦가을에 아들을 데리고서
나뭇잎을 박박 긁어모으고
새끼줄로 단단히 묶어서
지게에 올리고 옮겼지요.

한겨울에는 아들이 덫을 놓아
산토끼를 잡기도 했다지요.

어느 해 겨울에 난리 통에
잠시 북쪽으로 따라간 아들은
영원히 돌아오지 않으니

홀로 늙어가신 고모할머니는
평생 어디에 마음을 두었을까.

내가 어릴 때 들르기만 하면
끔찍하게 아껴주셨는데

이제 그분의 슬픈 마음이
사라진 아들과 함께 있겠어요.

An Aunt's House

The old aunt's house
Among small scattered villages
Is under the northern side.

Second down the valley,
The hut was rather humble.

On the northern mountain,
There would live hares.

With her son in late autumn,
She was raking up the leaves
Tied it tightly with ropes
Put it on a lift and moved it.

In the middle of winter
Her son set a trap there
To catch hares or something.

One year in winter
During the war, for a while
The son would go to the north
Never to come back.

My aunt grew old alone
Wishing to see her missing son.

Once I was young,
Whenever I would stop by her,
She cared me terribly.

Now as time has long passed,
She sleeps with her beloved son.

장독대 가랑잎

밤새 가랑잎 떨어지면
장독대에 수북이 쌓이고

햇살에 천천히 마르다가
울타리 너머에서
바람 불어오면
하나하나 날아가네.

내일 아침에도
수북하게 쌓이겠지

햇살에 천천히 마르다가
다시 바람에 날아가겠지.

Leaves on the Jar Stand

The leaves fall overnight
Being piled up
On the jar stand in backyard.

Drying slowly in the sun
When the wind blows
Beyond the fence,
Each one is flying away.

Until tomorrow morning
The leaves will be piled up.

Drying slowly in the sun,
They'll be blown away
By the wind of late fall.

집터는 산으로

터골 집은 무너지고
철거한 지 몇 달 되는데
다시 산으로 변해가네.

지난 여름 장마 때 철거하여
마당을 평평하게 하고

세 달이 지나가니
뒷산에서 낙엽이 떨어지네.

안방 마루 작은방 있던 자리에
사랑채 부엌 헛간 자리에도

우물가 장독대 있던 자리
안마당 바깥마당 있던 자리에
낙엽이 쌓이면서

집터는 산으로 변해가네.

The House Site

Since it has torn down
Not passed a few months,
It's turning into a hillside.

After collapsed last summer
During the rainy season,
The yard became flat.

Since three months have passed,
Leaves are falling behind the yard.

The site where the small room was,
On the floor of the bedroom,
Even in the kitchen,

The place where the crock pot was,
By the well of the outside yard,

As fallen leaves pile up,
The site is turning into a hill.

검보라색 느티나무

작년 10월에 지나는 길에 보았던
검보라색 나무는 느티나무였어요.

올해는 황갈색으로
제대로 변해가네요.

작년에 저 나무를 보고는
평생 못 보던 나무라고
기이한 나무라고 하셨는데

그 후로 한 달 지나서
어머니는 돌아가셨지요.

올해는 원래 색깔이 들었다고
어머니께 말씀드려 보겠어요.

그 잎을 주워서 드리겠어요.
다음 주 어머니 기일이니까.

A Purple Zelkova

The black-purple tree
Passed by it in October last year.
Was surly a zelkova.

The color is light brown
Normally changing this year.

When she saw that tree last year
She's never seen in her life.
It was a strange tree, mother said.

After a month later
My mother passed away.

I'll tell my mother
It has original color this year.

I'll pick up the leaf to her,
For first memorial day next week.

다시 기대하고

벌써 나뭇잎은
반쯤 떨어지고

갈색으로 말라가니
떨어질 일만 남았어요.

내년 봄에 다시 돋아나고
가을날을 기대하기에
서글프지 않겠지만

지난 가을에 가신 분은
다시 돌아오지 않기에
아마 가을이 서글프네요.

A Gloomy Season of Fall

About half of leaves
Have already been falling.

The rest will be drying out.
Or only falling down.

Falling leaves in fall,
Expecting spring again,
May not be sad.

The one who passed away
Will never come back forever.
Fall season feels more gloomy.

달빛과 그분

이른 저녁부터
가을 반달 떠오르니

하늘은 은은히
은빛으로 변하고

살짝 드리운 구름도
은빛으로 빛나고

별빛도 총총히
은빛으로 비추는데

마당에 앉아서
이야기 나누던 분은
어디로 가셨는지

창문을 닫으며
달빛을 막아보고
별빛도 막아보네.

A Moonlight in the Yard

In early evening
The half moon rises.

The sky is soft
Turning silver.

Slightly hanging clouds
Shins silvery.

A group of stars
Also shines in silver light.

Sitting in the yard,
Remembering the one,

I gently close the window
Trying to hide the moonlight,
Even block the starlight.

강화 장터 가는 길

지난 8월 더운 여름에
이곳 장터에 들렀는데

가을 준비를 하신다며
신발 옷가지들 사면서

초가을에 다시 와보면
물건들이 더 많겠으니
다시 들르자고 했는데

이제 세 달 지나고서
늦은 가을이 되어보니

어머니는 계시지 않아
혼자서 장터를 들르네.

The Market Place in Ganghwa

In hot summer of August
We stopped by the market.

She prepare for something
Such as shoes and clothes.

She asked to come again
To buy some in early fall.

Now three months later
When it became late fall.

However, mother isn't here,
I come to the market alone.

터골 아주머니

다정한 터골 아주머니는
몇 년간 누워 계시다가

이번 가을이 마지막 되어
새벽에 조용히 떠나가셨네.

작년에 어머니 가시고
올해 아주머니 가시고

가을마다 정겨운 분들은
아쉬운 정을 남기고서
멀리 멀리 떠나가시네.

An Aunt of Teogol

The warm aunt in Teogol
Had been lying for several years.

This fall was the last for her,
For she quietly left at dawn.

My mother left last year,
The aunt left this year.

Those who passed away every fall,
Going far and far away
Still leave me warmth,

고춧가루 한 봉지

해마다 늦은 가을이면
고춧가루를 주셨는데

직접 재배하고 수확하여
곱게 갈아낸 고춧가루를
넉넉히 담아서 주셨는데

몇 년 동안 허리 아프고
다리 관절로 고생하시고
농사일을 놓으셨는데
이제 편안한 데로 가셨어요.

해마다 가꾸시던 텃밭은
마른 잡초로 엉겨있어요.

The Red Pepper Powder

Every year in late fall
She gave me a bag of powder.

Cultivating red pepper herself,
Finely grinding into powder,
She packed it to me in plenty.

She's suffered from back pain
And leg joints for several years.

Finally after giving up farming
She's gone to a peaceful place.

The field she has tended
Is covered with dry weeds.

쌀 한 가마니

방죽 논에서 수확해 놓은
쌀 한 가마니를 가지러 가서
10킬로짜리 자루 8개에 담아요.

우선 숙부님께 한 자루 드리고
고마우신 분들께도
한 자루씩 나누어 드려요.

어머니 모시느라 애쓰신 분들
부천 자매님과 그분 언니 댁에도
신갈 아주머님 댁에도
해마다 나누어 드려요.

어머니께서 드리라고 하셨어요.

A Bag of Rice

Harvested from the paddy
Near the bank by a stream,
The rice has finally collected.

In 8 bags of 10 kilograms,
First, I send one to my uncle.

I am sending other bags
To those who are grateful.

Those who care for my mother:
To the sister of Bucheon,
Her elder sister,
And the aunt of Shingal, too.

I send it out every year,
For mother told me to do that.

터골 길가

구부러진 길 지나면
냇가 논에 물이 담기고

참깨 줄기 무성하고
고구마 줄기 퍼졌는데

낮은 논바닥은
촘촘히 메워지고

번듯한 참깨밭에
담벼락 세워지고

기다란 고구마밭에
공장 건물 들어서니

구부러진 터골길은
넓은 큰길로 변해가네.

A Road of Teogol Village

Passing the curved path,
Water was filled in the paddy.

Sesame stems were lush,
Sweet potatoes were spread.

The low ground of rice field
Is now filled flat.

In a prosperous sesame field,
A high wall is built.

In a long sweet potato field,
A factory building is built.

The narrow curved path
Turns into a wide main road.

3부. 다시 겨울 이야기
Memories of Another Winter

한밤 눈

한밤에 추워도
한밤에 흐려도
한밤에 눈 내리지 않아요.

달빛도 없고
별빛도 없으니
하얀 색깔 보이지 않아요.

새벽이 되어서
하얀빛 보게 되면
한밤에 눈이 내렸는데
아무도 모르게 내렸어요.

Midnight Snow

Even it's cold at night,
Even it's cloudy at night,
It doesn't snow at midnight.

There is no moonlight,
There is no starlight,
white color can't be seen.

At dawn next day
If white color is seen,
It surely snowed at midnight
Without noticing to anyone.

아버지 겨울옷

이른 아침에 목도리 두르고
외투로 싸매시고
기침하면서 나가셔요.

대문 밖 골목에서 나가면서
다시 한 번 기침 소리 들려요.

작년 겨울에도 그랬고
재작년 겨울에도 그랬고

똑같은 회색 줄무늬 목도리
똑같은 회색 단추외투
미끄러워 불안한 검정 구두

겨울 아침에 아버지 모습은
따스하게 보이지 않았어요.

Father's Winter Coat

Wearing a scarf early,
Wrapping himself in cloak,
He leaves with coughing.

As he leaves the alley,
Coughing is heard again.

It was the same last winter,
So was it the year before last.

The same gray striped scarf,
Same gray button coat
Old black shoes, he wears.

Father didn't look warm
In every winter morning.

알지 못하시고

터골 아주머니는
새봄에 햇살 퍼지고
밭둑에 비듬나물 퍼져도

더운 여름에 밭에
잡초 엉크러져도

감나무에 연시 열려도
알지 못하셔요.

집 밖에 나오지 못하시고
거실에만 누워 계시다가

올해 가을 채소는
그런대로 푸르게 자라고
김장 준비하는데

추워지는 늦가을에
아무것도 알지 못하신 채
먼 곳으로 가셨어요.

Unremembered Season

Aunt of Teogol doesn't realize;
Sunshine spreads in spring
Dandruff spreads on banks.

She doesn't realize the season
Of hot and rainy summer,
Getting weeds tangled up.
Even ripening persimmon.

She can't go out the house
Just lying down in bed.

Vegetables in the field grow
Become green this fall.
And they prepares kimchi
For winter season ahead.

On a cold day in late fall,
Without realizing anything
She passes away somewhere.

눈 쓸기

함박눈 쏟아지고
길을 나서지 못하는데

눈에 길은 내야 하기에
제설제 한 자루 뿌리고

하늘 바라보고
서투르게 빗질하며

바깥 길 바라보고
쌓인 눈 쓸어내며

대여섯 발자국 걸어가면
다시 눈이 쌓이고

Sweeping Snow

Snow is pouring down,
Which piles up on the road.

To make a path in snow,
I spray the snow remover.

Looking at the sky,
Combing clumsily,
Looking at the road outside,
I sweep away the snow.

After I walk five or six steps,
Snow is piling up again.

한겨울 묘지

한겨울에 올라가면
오히려 한적하네.

말라붙은 잡초는
어지럽지 않고

햇살 받은 남쪽에
갈색 깔린 잔디 빛나고

서쪽 외진 그늘에
녹지 않고 덮여있는
하얀 눈 빛나네.

목자궁 산골 묘지는
한겨울에 한적하네.

The Cemetery in Midwinter

Going up there in midwinter
It is rather quiet.

Dried weeds there
Do not feel dizzy.

In the sunny south,
The brown grass shines.

In the shadows of the west,
White snow shines.

The cemetery of Mokjagung
Is rather quiet in midwinter.

새해 터골

이제 터골 가더라도
반가이 들를 데도 없고
반겨 줄 이들은 없으니

오가는 길은
무척이나 쓸쓸하네.

그리운 분들은
묘지에 누워 계시고

바라만 보아도 쓸쓸하여
더 어두워지기 전에
터골마을에서 나오네.

New Year in Teogol Village

Though going there now,
There's nowhere to stop by,
There's no one to welcome me.

The way to and from
Is deeply lonely for me,
For those who have missed
Are lying in the graveyard.

Feeling lonely around there,
Before it gets darker,
I'm out of Teogol Village.

강화 큰고모

한해 한해 가는데
십 년이 지나고

또 십 년이나 지나고
몇십 년이 지나가니

강화도 큰고모님은
그리워하던 남편을 따라서
아주 먼 길로 떠나시고
그 집터도 사라지니

올라가는 길도 막히고
큰고모님 아픈 사연은
어디에도 남아있지 않네.

My Great Aunt of Ganghwa-do

Year after year goes by;
Ten years have passed,
Another ten years have passed,
Many decades have passed.

The great aunt of Ganghwa-do
Following her beloved husband
Went on a long journey.

After her passing away,
The place also disappears.

The way going up there
Is blocked with weeds.

My great aunt's painful stories
Are not left anywhere.

죽은 아들의 꿈

어느 차가운 겨울날
가만히 누워 있다가
어렴풋이 잠들고서

잠들다가 깨어나면
어느 곳이 보이는데

따스하고 아늑하여
그곳으로 가고 싶네.

어머니가 보이는데
그곳으로 가고 싶네.

A Dream of Dead Son

On a cold winter day,
Lying still there
He's vaguely falling asleep.

When he quietly wakes up,
He may see somewhere.

The place warm and cozy,
He wishes to go there.

The place his mother stays,
He hopes to go there.

텃밭 감나무

텃밭이 일궈지면
감나무 심어지고

아이들 커가면서
감나무 자라나고

어르신들 떠나셔도
감나무 서 있는데

감나무 베어지며
마을도 사라지네.

The Persimmons in the Garden

When the garden is cultivated,
Persimmon trees are planted.

As children grow up,
Persimmon trees are growing.

Even if the elderly leave,
Persimmon trees stand there.

Once persimmons are cut down,
The village is also disappearing.

비어가는 묘지

한해 한해 지나고
오는 이들은 줄어드네.

몇 년 전부터
소식이 끊어지니

올해 지나가면
몇 명이나 오려는지

후손들이 흩어지니
지키던 무덤들은
하나하나 없어지고

넓은 서쪽 터에는
빈터가 늘어나겠네.

The Empty Cemetery

Year after year passes by
People coming are rare.

A few years ago,
Some people stopped.

As this year passes,
A few people won't come.

The descendants disappear,
The tombs also disappear.

On the wide western side
The vacant site will expand.

기다리는 한 달

매일 매주 강추위는
밤낮으로 이어지고

언제 풀리는지 모르고
올해 한 달이 지나가네.

넉넉히 한 달 기다리면
날씨가 풀리겠지.

한 달을 더 기다려서
얼어붙은 땅이 풀리면
구지뽕나무 심어야지.

A Month to Wait

Strong cold every week
Continues day and night.

Without noticing the weather,
One month has already passed.

If another month may pass,
The weather will clear up.

After one more month
Thawing frozen ground,
I will plant mulberry trees.

허전한 터골

십여 년 전부터
터골이 비어가네.

포도밭 집 어르신들
갑자기 가시더니

밭길 건너 하얀 울타리
작은 어르신도 가시고

소나무 산 아래 어르신은
요양원에서 가시더니

지난 늦가을에
여러 해 편찮으시던
그 댁 아주머니 떠나시고

들어오는 이는 없으니
터골은 점점 허전하네.

The Empty Village

Since about ten years,
The village has been empty.

The elders at the vineyard
Have suddenly passed away.

The elder of a white fence
Has also left there.

The old under the pine hill
Went to a nursing home.

In late fall this year
The invalid granma for years
Has finally passed away.

No one comes in instead,
So the village becomes empty.

별해진 겨울밤 - 별해진 진중에서

심직(沈溭)

북쪽 산 너머에서
삭풍이 몰아치는데

행여나 불길한 소식이
들려오기나 하는지

오랑캐 무리 지어
말달려 오지는 않는지

어두운 변경에는
달빛 차갑고
별빛 차갑고

진중도 차갑고
마음도 차갑구나.

* 심직 (沈溭, 1684년 - 1740년):
  평안도 별해진 첨사 겸 병마절제사

A Starry Winter Night

- In a Military Camp

Shim Jik (沈㲼)

Beyond the northern mountains,
The cold wind is wildly blowing.

Unexpected ominous news
Might be heard to me!

A group of barbarians
Riding horses might come in!

In a dim border area,
Moonlight is cold,
Starlight is cold.

The camp is cold,
So is my heart tonight.

* Shim Jik (沈㲼, 1684 - 1740):
 A military commander of the northern territory in the mid 18th century

작품해설

한편의 시로 남겨질 고향이야기

김 성 구 (시인, 문학평론가, 철학박사)

　심재황 시인은 열 번째 시집으로 『멀어지는 터골』 한영시집을 발간한다. 고향의 이야기들을 모아 지나간 아름다운 이야기들을 써내려가면서 아쉬운 일들도 발견하고, 서글픈 일들도 생각나기에 가슴이 먹먹해지는 것을 억지로 참아가면서 고향이야기를 마무리하였을 것이다. 점점 더 잊혀져가는 고향, 추억의 흔적마저 사라지고 있는 현실들, 이제는 고향을 찾는 일이 별로 없는 시대를 살아가면서 심재황 시인은 부모님께서 사시던 김포의 작은 마을인 '터골'이 역사의 수레에 실려가 저 먼 기억 밖으로 사라지려는 것들을 끌어내어 기억의 박물관에 잘 보관하려 한다.
　경기도 통진읍 옹정리 터골은 이제는 더 이상 심재황 시인의 고향만이 아니다. 그곳은 다른 어떤 이들의 고향이기도 하고, 다른 이들의 생활터전이며, 그곳은 심재황 시인이 모르는 또 다른 이들의 점령지일 뿐이다. 그렇지만 시인은 역사의 한 페이지에 남겨야 할 이야기들을 소환하여 사계절로 정리하여 한영시집으로 엮어내었다.

지금 이 세상은 급격한 산업화로 인하여 도시로 이주한 인구가 증가하고, 농촌인구는 감소하고 있는 이 시대에 수도권이 가까운 지역은 새로운 이주민들이 정착하고, 공장이나 새로운 주거형태들이 들어섬으로 옛 정취는 사라지게 된다. 살아 있는 자들의 주거공간이 바뀔 뿐 아니라 사자(死者)들의 주거공간까지 변형되어간다. 명절 때마다 찾아오던 후손들의 발길이 끊길 뿐 아니라 아예 사자들을 묘지를 이장하여 빈터만 남게 된다.

 1부는 '봄 여름날 이야기'를, 2부는 '이번 가을 이야기', 3부는 '다시 겨울 이야기'로 꾸미면서 시집 말미에 청송심씨(靑松沈氏)의 조상 중에서 조선시대에 평안도 별해진 첨사 겸 병마절제사를 지낸 '심직(沈溭, 1684년 - 1740년)'의 시를 소개하면서 마치고 있다.

 시인 심재황 박사는 멀어지는 터골을 통해 그리운 분들의 이야기가 세월의 뒤안길로 사라져버리는 안타까움을, 점점 잊혀져가는 고향 '터골'의 이야기를 엮어두면서 언젠가 또 다른 꽃으로 새롭게 피어나길 기대하면서 어제의 이야기에 머무르지 않고 내일을 향해 앞으로 나아가고 있다.

 날이 갈수록 선산에 성묘를 위해 찾아오는 후손들이 줄어든다. 오늘날 우리가 세상 살기가 더욱 어렵고 힘든 때를 맞아 조상들을 찾아와 문안드릴 여력을 잃었다.

 어머니가 꿈꾸던 곳이고
 아버지가 바라던 곳인데

 가만히 구석에 앉아서
 창가를 바라보기만 하네

 나는 비에 젖어 있는데

그분들은 나를 반겨주실까.

그분들에게 가려고 하는데
그래도 나를 안아주시겠지.

　-「내가 갈 곳은」 중에서

'내 갈 곳이 어디인지'에 대한 깊은 생각은 인생의 황혼녘에 찾아오는 종착지를 향한 여망(餘望)으로써 심신이 연약해질 때 더욱 깊어진다. 병원에서 창밖을 내다보는 시인의 심정은 그리운 부모님을 향한 마음과 그리움이 묻어나고 있다. 아직도 멀기만 그 길에 먼저 가신 부모님이 계신 그 곁으로 가야할 텐데 오늘은 무척 쓸쓸하구나. "엄마! "아버지! 저에요!"

오직 그 시절만 떠올리며
구석에 가만히 앉아 있어요.

　-「구석에 앉아서」 중에서

깊은 명상에 잠기면서 부모님이 계신 고향 선산의 풍경을 그려본다. 점점 발길이 멀어지기만 한 그 땅을 향한 미련은 내려놓으면서, 흙에서 와서 흙으로 돌아가야 할 인생의 원리를 부정할 수가 없다. 부모님께서 계신 그 곁에로 가서 눕고 싶다면서 고통스러운 현실을 승화시켜간다.
　길어지기만 한 치료의 시간들이 시인의 마음을 저 먼 지평선 위로 걷게 한다. 그렇게 맛있던 나물도 김치도 먹을 수 없도록 입맛이 사라지고 영혼은 점점 더 햇살 이는 바닷가로 떠난다.
　시인은 아름다운 풍경이 펼쳐지는 바닷가를 거닐다가 그렇게 애지중지 관리하고 치료하던 모든 껍데기를 벗어두고 떠난 소라와 조개를 만난다. 여기서 또 다시 인생의 원리 앞에 무릎을 꿇는다.

조개도 소라도
껍질 벗어두고
바다로 들어갔나요.

-「바닷가 햇살」 중에서 -

바닷가에서 줍게 되는 소라껍데기에서, 한 손으로 주운 조개껍질에서 떠나버린 소라의 몸뚱아리를, 바닷물 속에 녹아버린 조개의 육체와 시인의 아픈 육신을 동일시하고 있다.

네가 흙으로 돌아갈 때까지
얼굴에 땀을 흘려야 먹을 것을 먹으리니
네가 그것에서 취함을 입었음이라
너는 흙이니 흙으로 돌아갈 것이니라 하시니라

-『창세기 3장 19절』-

시인은 육신의 연약함으로 점점 더 나은 영원의 세상을 꿈꾸는 시간이 늘어만 가는 것을 느낀다. 고향 땅을 가꾸는 일은 이제 중지되었다. 더 이상 관리자나 소유자의 권한을 내려놓고, 땅 한 평 깊은 곳에 누워 계신 그분들의 품이 그리워진다. 바닷가에서 파도에 쓸려 다니는 소라껍데기처럼 점점 다가오는 모든 것을 훌훌 벗어 던져야하는 그날에 대한 의미 진 준비를 하려고 한다.

감나무 잎사귀는 찢어지고
나뭇가지는 부러지고

버티지 못한 땡감들은

마당에 떨어져 흩어지고

　-「감나무와 태풍」중에서 -

　인생이란 것이 아무리 잘 살아보려고 해도, 모든 것을 다 바쳐 훌륭한 인생을 만들어보려고 해도 예기치 않은 시기에 감당할 수 없는 환란이 닥친다. 그것은 어느 옆집 사람의 이야기가 아니다. 태풍이 몰아친 마당가에는 가을의 단풍과 함께 빠알갛게 익은 홍시를 기다리는 감나무가 서있다. 그러나 그러한 기대는 여름이 가기도 전에 찢어지고, 산산조각이 났다. 거세게 불어 닥친 태풍이 감나무를 찢어놓았다. 익지 않은 감들이 떨어지고 마당가에 흩어져 뒹굴고 있다. 시인은 여기에서 고모할머니의 사라진 아들 이야기를 떠올려본다. 먼저 간 큰아들이 어머니 곁으로 돌아온다고, 하얀 조약돌 둘러 진 곳으로 돌아온다고.

　어느 해 겨울에 난리 통에
　잠시 북쪽으로 따라간 아들은
　영원히 돌아오지 않으니

　홀로 늙어가신 고모할머니는
　평생 어디에 마음을 두었을까.

　내가 어릴 때 들르기만 하면
　끔찍하게 아껴주셨는데

　이제 그분의 슬픈 마음이
　사라진 아들과 함께 있겠어요.

　　-「고모할머니 집」중에서 -

　시인은 이 한 편의 시「고모할머니 집」에서 한국사의 어제

와 오늘을 말하고 있다. 이 땅은 외세의 침략으로 황폐화되었고, 탐관오리들의 수탈로 피폐해진 민생은 희망이 없었다. 그런 가운데 이 세상을 지상낙원을 만들어 줄 달콤한 철학이 한반도를 덮쳤다. 의지할 곳이 없던 일제침략기의 국민들은 재산의 공유를 실현시킴으로써 계급 없는 평등 사회를 이룩한다는 공산주의 사상에 세뇌되어 점점 민족을 분열되었다. 막시즘에 현혹된 예술인들과 젊은이들이 그렇게 월북하였다. 지상낙원에서 한평생 낙을 누리려고 그렇게 그렇게들 휴전선을 넘기도 했다.

시인은 기억하고 있다. 어린시절에 고모할머니의 사랑을, 홀로 그렇게 한 평생을 늙어가신 고모할머니의 슬픈 마음은 사라진 아들과 함께 있었을 것이다.

그렇게 세월은 불결처럼 빠르게 흘렀건만 세상은 아직도 뒤숭숭한 소식만 난무하고 있다.

북쪽 산 너머에서
삭풍이 몰아치는데

행여나 불길한 소식이
들려오기나 하는지

오랑캐 무리 지어
말달려 오지는 않는지

어두운 변경에는
달빛 차갑고
별빛 차갑고

진중도 차갑고
마음도 차갑구나.

-「별해진 겨울밤 - 별해진 진중에서」-

  심재황 시인은 오늘의 현실이 그 옛날에 심직(沈溭, 1684년 - 1740년) 선생이 평안도 별해진 첨사 겸 병마절제사로 근무할 시절에 쓴 시국에 관한 시로 시집을 마무리하고 있다.
  시인은 오늘날의 현실이 마치 330여 년 전 그 시국의 불안한 상황을 시로 남겼던 것을 소개하면서 마무리하고 있다. 지금 저 북쪽산 너머에서 엄청난 삭풍이 몰려오는데 사람의 힘으로 그것을 막을 길이 없음이 안타까울 뿐이다.
  우리네 인생사에서도 북쪽산 너머에서 오는 기별은 반갑지 않다. 북망산에서 오는 소식이 무엇이겠는가. 점점 인생의 발걸음이 저 북망산 가까이 갈 뿐, 무슨 소식을 가지고 오겠는가!
  시인은 오늘날 희망을 잃고 살아가는 이들에게 잔잔한 메시지를 전하고 있다. 우리에게 닥치는 불가항력적으로 힘든 일이나 혼란스런 세상을 맞이한다 할지라도, 스스로 할 수 있는 일이 아무 것도 없을지라도, 온 우주를 지으신 그분 한 분만이 어머니 아버지께서 가신 그곳으로 평안히 갈 수 있게 하시리라 꿈꾸는 것이다.
  심재황 시인은 그리운 고향 땅도 점점 멀어져만 가고 있을지라도 한 점의 그 자취만이라도 옛 선조 심직(沈溭) 선생께서 시 한 수 남겼듯이 고향의 이야기가 기억의 저편으로 더 멀어져가기 전에 '터골' 이야기를 기록으로 남겨 놓는 것이다.